Liebe Eltern,

jedes Kind ist anders. Darum muss sich die konzeptionelle Entwicklung von Lesetexten für Kinder unbedingt an den besonderen Lernentwicklungen des einzelnen Kindes orientieren. Wir haben deshalb für unser Bücherbär-Erstleseprogramm 5 Lesestufen entwickelt, die aufeinander aufbauen. Sie entsprechen den Fähigkeiten, die notwendig sind, um das Buch zu (er-)lesen und zu verstehen. Allein das Schuljahr eines Kindes kann darüber nur wenig aussagen.
Welche Bücher für Ihr Kind geeignet sind, sehen Sie in der Übersicht auf der Buchrückseite.
Unser Erstleseprogramm holt die unterschiedlich entwickelten Kinder dort ab, wo sie sind. So gewinnen sie Lesespaß von Anfang an – hoffentlich ein Leben lang.

Prof. Dr. Peter Conrady
Hochschullehrer an der Universität Dortmund
und Erfinder des Leselern-Stufenkonzepts

In Zusammenarbeit mit dem *Westermann* Schulbuchverlag

Der Bücherbär

Klassiker für Erstleser

Dieses Buch gehört

_____

Ilse Bintig

wurde in Hamm (Westfalen) geboren. Nach dem Pädagogik-Studium unterrichtete sie an Grund- und Hauptschulen. Seit 1984 arbeitet sie als freie Schriftstellerin. Sie verfasst Erzählungen, Kurzgeschichten, Kinderbücher, Jugendromane und Spielstücke.

Anke Dammann,

geboren 1967 in Friedrichshafen am Bodensee, studierte Grafik-Design in Dortmund. Nach ihrem Abschluss arbeitete sie zunächst als Grafikerin in Werbeagenturen, machte sich 1998 selbstständig und lebt und arbeitet seitdem als freie Illustratorin in Wuppertal.

Elfenmärchen

Die Heimat der Elfenmärchen ist Irland. Obwohl die mündlich überlieferten Märchen 1886 von den Brüdern Grimm herausgegeben wurden, sind sie in Deutschland wenig bekannt.
Elfen sind Naturgeister, die in großer Gesellschaft unter den Hügeln der irischen Landschaft hausen.
Die winzigen Wesen verbergen sich vor den Menschen und singen und tanzen im Mondlicht. Ihre Zauberkraft ist so groß, dass sie eine andere Gestalt annehmen können. Sie verwandeln sich in menschliche Wesen, in Tiere und Ungeheuer, die die Menschen necken, verwirren, belohnen oder bestrafen.

Die schönsten Elfenmärchen der Brüder Grimm

Ausgewählt und neu erzählt von Ilse Bintig

Mit farbigen Bildern von Anke Dammann

Arena

Mix
Produktgruppe aus vorbildlich bewirtschafteten Wäldern,
kontrollierten Herkünften und Recyclingholz oder -fasern
Zert.-Nr. SGS-COC-003210   www.fsc.org
© 1996 Forest Stewardship Council

1. Auflage 2011
© Arena Verlag GmbH, Würzburg 2011
Einband und Innenillustrationen: Anke Dammann
Alle Rechte vorbehalten
Gesamtherstellung: Westermann Druck Zwickau GmbH
ISBN 978-3-401-09769-5

www.arena-verlag.de

Inhalt

Die geheimnisvolle Flasche

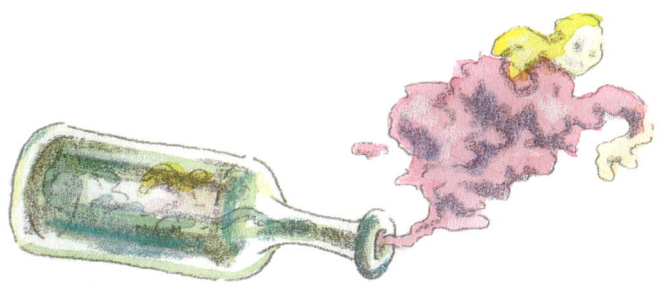

In einem Dorf in Irland erzählen die Leute eine
seltsame Geschichte:
Der Bauer Michael hatte von seinem Gutsherrn
ein Stück Land gepachtet. Nach kurzer Zeit
stellte er fest, dass das Land unfruchtbar war.
Trotzdem verlangte der reiche Gutsherr viel
Geld für das Stückchen Land.
Nach der schlechten Ernte konnte Michael die
Pacht nicht mehr bezahlen. Um seine Kinder
satt machen zu können, beschloss er, die
letzte Kuh zu verkaufen. Er machte sich auf
den Weg, um das Tier auf den Markt zu
bringen. Nach drei Stunden kam er auf die
Spitze eines Elfenhügels. Da hörte er eine

Stimme hinter sich: „Guten Morgen, lieber Mann!"

Michael schaute sich um und erschrak. Der Fremde war so klein wie ein Zwerg und hatte sich in ein langes graues Tuch gehüllt. Sein Gesicht sah aus wie ein welker Blumenkohl. Weiße, struppige Haare hingen ihm ins Gesicht, und seine Augen glänzten feuerrot. Michael fielen Geschichten von verwandelten Elfen ein, und ein Schauer lief ihm über den Rücken.

Der Fremde ging eine Weile schweigend neben ihm her. Dann fragte er mit schnarrender Stimme: „Wohin geht Ihr mit der Kuh, lieber Mann?"

„Auf den Markt. Ich will sie verkaufen", antwortete Michael höflich, aber er zitterte dabei vor Angst.

„Willst du sie mir verkaufen?", fragte der Fremde.

Michael erschrak. Er wollte mit dem unheimlichen Gesellen nichts zu tun haben, aber gleichzeitig fürchtete er sich, Nein zu sagen.

„Und wie viel willst du für die Kuh zahlen?",
fragte er zögernd.

Der Mann holte eine leere Flasche unter dem
Tuch hervor und hielt sie Michael entgegen.
„Hier, diese Flasche gebe ich dir. Sie wird dir
und deiner Familie Glück bringen."

Michael lachte trotz seiner Angst. „Eine leere
Flasche für meine gute Kuh? Ich bin doch kein
Dummkopf."

„Glaube mir, Michael Purcell, ich habe die
Wahrheit gesagt", versicherte der Mann.

Michael erschrak furchtbar. Woher wusste der
Fremde seinen Namen? Was sollte er nur tun?
Michael war verzweifelt. In seiner Not stammelte
er: „Dann – dann gib mir die Flasche!"
„Hör gut zu, was ich dir sage!", befahl der
Kleine. „Wenn du nach Hause kommst,
bleib ganz ruhig, auch wenn deine Marie mit dir
schimpft. Lass sie das ganze Haus putzen
und eine saubere Decke auf den Tisch legen.
Dann stellst du die Flasche auf die Erde und
sagst: ‚Flasche, geh an die Arbeit!'
Michael war ganz wirr im Kopf,
als der Fremde den Namen
seiner Frau aussprach. Er
wollte den unheimlichen
Gesellen schnell loswerden
und gab ihm die Kuh.
Als der Mann die Kuh
forttrieb, schaute sich
Michael noch einmal um.
Er sah den Mann über die
Wiese gehen, aber die

Kuh war verschwunden. Michael steckte die
Flasche vorsichtig in die Tasche und machte
sich auf den Heimweg. Seine Frau Marie freute
sich, als er nach Hause kam. Als sie aber hörte,
dass Michael die Kuh gegen eine leere Flasche
eingetauscht hatte, wurde sie böse und
schimpfte. „Du bist ein großer Dummkopf,
Michael! Ein Tölpel bist du!"
Michael blieb ruhig, so wie der Fremde es ihm
befohlen hatte. Als Marie endlich aufhörte, zu
schimpfen, erzählte
ihr Michael von
seinem Erlebnis.

Da schöpfte die Frau Hoffnung, denn sie glaubte fest an die Macht der Elfen. Sie putzte das Haus, legte eine frische Decke auf den Tisch und rief die Kinder herein. Michael stellte die Flasche auf den Boden und rief: „Flasche, geh an die Arbeit!"
Da schoss ein Lichtstrahl aus der Flasche, und zwei Mädchen sprangen heraus. Sie stellten goldene Teller und Schüsseln auf den Tisch und trugen die herrlichsten Speisen auf. Die Kinder jubelten und ließen es sich schmecken. Jetzt mussten sich die Eltern keine Sorgen mehr machen. Sie hatten genug zu essen und zu trinken. Michael verkaufte in der Stadt die goldenen Teller und Schüsseln. Für das Geld kaufte er sich ein Pferd und einen Wagen, und bald standen auch wieder ein paar Kühe im Stall. Endlich konnte Michael die Pacht bezahlen.
Der Gutsherr konnte es sich nicht erklären, woher die Leute das viele Geld hatten.
Eines Tages tauchte der Gutsherr in Michaels

Haus auf. Er quälte den Bauern so lange, bis er ihm von der Flasche erzählte.

„Gib mir die Flasche!", sagte der Gutsherr, „ich schenke dir dafür das Land, das du von mir gepachtet hast."

Michael wehrte sich, aber der Gutsherr bedrängte ihn so sehr, dass er ihm schließlich die Flasche geben musste.

Es dauerte nicht lange, da waren die Leute wieder so arm wie vorher. Schließlich besaßen sie nur noch eine einzige Kuh. Nun machte sich Michael wieder auf den Weg, um die Kuh auf dem Markt zu verkaufen.

Als er auf die höchste Stelle des Hügels kam, hörte er die Stimme des alten Männchens. Er war erschrocken, aber auch erfreut, denn er hoffte auf die Hilfe der Elfen.

„Na, habe ich recht gehabt?", fragte der Kleine. „Alles, was du gesagt hast, ist eingetroffen. Ich bin ein reicher Mann geworden, aber jetzt bin ich wieder so arm wie damals."

„Ich kenne deine Geschichte", murmelte die unheimliche Gestalt.

Michael nahm allen Mut zusammen und sagte: „Ich bitte dich, hilf mir noch einmal, damit ich meine Kinder satt machen kann!"

Es kam keine Antwort. Der Mann war mit der Kuh verschwunden und vom Elfenhügel herab erklang ein unheimliches Lachen. Im gleichen Augenblick hielt Michael eine leere Flasche in der Hand. Er freute sich und machte sich sofort auf den Heimweg, aber in der Ferne hörte er noch lange das höhnische Lachen.

Seine Frau Marie stand schon vor dem Haus und wartete auf ihn. Er winkte ihr von Weitem mit der Flasche in der Hand zu.

Die Frau strahlte und sagte: „Michael, du bist ein Glückspilz."

Sie fing sofort an, zu putzen, und es dauerte nicht lange, da blitzte und blinkte es in allen Räumen. Zuletzt legte sie eine weiße Decke auf den Tisch und rief die Kinder ins Haus. Alle standen erwartungsvoll um den Tisch herum. Der Vater stellte die Flasche auf den Boden und rief: „Flasche, geh an die Arbeit!"

Da sprangen zwei wilde Kerle aus der Flasche und schlugen mit dicken Knüppeln auf Michael ein. Die Kinder schrien erschrocken auf und weinten. Marie wollte ihrem Mann helfen, aber da waren die wilden Kerle schon wieder in der Flasche verschwunden. Die Kinder und die Mutter schauten ängstlich auf die Flasche, nur Michael lachte laut.

„Aha!", sagte er, „jetzt weiß ich, warum die Elfen mir die Flasche gegeben haben."

Marie schüttelte den Kopf. Sie konnte nicht
begreifen, dass ihr Mann lachte. Michael
machte ein verschmitztes Gesicht, nahm die
Flasche und ging zum Haus des hartherzigen
Gutsherrn.
Von Weitem hörte er schon eine laute Musik,
denn es wurde im Haus des Gutsherrn ein
großes Fest gefeiert. Michael bat einen Diener,
seinen Herrn zu holen. Es dauerte nicht lange,

da kam der Gutsherr aus dem Saal. Michael
flüsterte ihm zu: „Ich habe eine neue Flasche."
„Und – ist sie so gut wie die erste?", fragte der
Gutsherr neugierig.
„Kein Vergleich! Die neue Flasche kann noch
viel mehr als die alte", antwortete Michael.
„Wenn ich darf, kann ich sie gleich bei allen
Gästen vorführen."
„Das ist eine gute Idee. Komm nur herein,
Michael!", sagte der Gutsherr.

Der Saal war voller Gäste, und alle staunten,
als der Hausherr eine große Vorführung
ankündigte.

Michael zog seine Flasche aus der
Manteltasche, stellte sie auf den Boden und rief:
„Flasche, geh an die Arbeit!"

Da sprangen die wilden Kerle aus der Flasche
und prügelten mit ihren dicken Knüppeln auf
den Gutsherrn ein. Der jammerte und schrie:
„Bring die Kerle zur Ruhe!"

„Sie hören erst auf, wenn Ihr mir meine Flasche
zurückgebt", antwortete Michael.

Der Gutsherr lag auf dem Boden und stöhnte,
aber die Kerle schlugen weiter auf ihn ein.
Schließlich rief er seinen Dienern zu: „Gebt ihm
die Flasche!"

In diesem Augenblick hörten die wilden Kerle
auf, zu schlagen, und verschwanden.

Michael nahm die beiden Wunderflaschen und
trug sie nach Hause. Jetzt hatte alle Not ein
Ende. Die Elfen brachten der Familie ein Leben
lang Glück.

Der Ritt auf dem Kälbchen

Ein Bauer besaß eine Weide hoch oben auf
dem Elfenhügel. Nachts aber gehörte die Wiese
den Geistern. Wenn die Menschen schliefen,
sangen und tanzten hier die Elfen, bis die
Sonne aufging.
Eines Tages trieb der Hirte des
Bauern eine Kuhherde auf
den Hügel. Dort
sollten die Kühe
bleiben und sich
satt fressen.
Die Elfen
waren jedoch
bitterböse, denn sie

24

wollten keinen Menschen auf der Wiese sehen.
Sie gingen zur Elfenkönigin und klagten: „Ein
Hirte sitzt jede Nacht auf der Wiese und hütet
eine Kuhherde. Der Mensch stört uns. Was
sollen wir tun?"
Die Königin tröstete die Elfen und sagte: „Ich
werde mich verwandeln
und den Hirten und
seine Herde so
erschrecken, dass er
mit den Tieren die
Flucht ergreift."

Als es Nacht wurde, lag der Hirte in einen dicken Mantel gehüllt auf der Weide und schaute hinauf zu den Sternen. Die Tiere waren satt und träge und kauten still vor sich hin. Da hörte der Hirte ein Rauschen in der Ferne. Er richtete sich erschrocken auf. Ein mächtiges Ross mit Adlerflügeln und Drachenschweif flog über ihn hinweg. Dabei stieß es Feuer aus, sodass es aussah, als stünde der Himmel in Flammen. Der Hirte war starr vor Schrecken, und die Ochsen und Kühe wurden unruhig und brüllten.

In der nächsten Nacht war der Hirte gerade eingeschlafen, da weckte ihn ein helles Licht.

Vor ihm stand mitten im Feuer ein Mann mit einem Ochsenkopf. Der Hirte schrie vor Angst auf und schlug die Hände vors Gesicht. Die Kühe und Ochsen stimmten ein fürchterliches Gebrüll an. Aber am lautesten blökte, heulte und krächzte das Ungeheuer. Die ganze Nacht trieb es sein böses Spiel mit dem Hirten. Erst als hinter dem Hügel die Sonne aufging, verschwand das schreckliche Ungeheuer.

In der dritten Nacht erschien die Elfenkönigin dem Hirten in der Gestalt eines brüllenden Affen mit riesigen Entenfüßen. Der Hirte sprang erschrocken auf und konnte vor Entsetzen die Augen nicht schließen. So war er gezwungen, das Ungeheuer anzustarren, bis ihm die Haare zu Berge standen und die Zähne klapperten.

In jeder Nacht erschien nun die Elfenkönigin in einer anderen Gestalt. Die Kühe hatten keine Ruhe und wollten nicht mehr fressen. Sie wurden immer magerer und gaben keine Milch mehr. Der Hirte zitterte schon vor Angst, wenn es dunkel wurde. Es blieb ihm schließlich nichts

anderes übrig, als den Elfenhügel zu verlassen.
Er trieb die Kuhherde auf den Hof des Bauern
und erzählte von dem nächtlichen Treiben. Zum
Schluss erklärte er: „Ich halte es auf dem
Elfenhügel nicht mehr aus. Ich werde mir eine
andere Stelle suchen."
Bald wussten alle Leute im Dorf, was auf dem
Elfenhügel geschah. Obwohl der Bauer den
doppelten Lohn zahlen wollte, war kein Hirte
bereit, länger als eine Nacht auf dem Hügel zu
verbringen. Jetzt konnten die Tiere nicht mehr
auf die Weide getrieben werden und mussten im
Stall bleiben. Die Elfen freuten
sich und bedankten
sich bei der
Elfenkönigin. Die
Wiese gehörte nun
wieder den kleinen
Geistern. Sie tanzten
und sangen im
Mondlicht und
feierten große Feste

unter den Schirmen der Pilze. Der Bauer aber wusste keinen Rat mehr. Seine Tiere hatten nicht genug zu fressen und wurden krank. Bald hatte der arme Mann kein Geld mehr, um beim Gutsherrn die Pacht zu bezahlen.

Eines Tages ging er zum Markt und traf einen jungen Mann, der auf seiner Pfeife ein lustiges Lied blies. Der Bauer kannte den Mann. Er hieß Lorenz und war in der ganzen Umgebung bekannt. Keiner konnte so gut auf der Pfeife blasen wie er. Wenn er spielte, liefen die Leute zusammen und hörten ihm zu. Lorenz war ein junger starker Mann, der sich vor nichts fürchtete. Als einmal ein wilder Ochse ausbrach und alles niedertrampelte, fing Lorenz ihn wieder ein.

„Guten Morgen", rief der junge Mann dem Bauern entgegen. Er zeigte auf die Sonne und

lachte: „Ein wunderschöner Tag wird das heute. Ein Tag so richtig zum Tanzen und Singen!"

„Du hast gut lachen, Lorenz", brummte der Bauer, „du hast keine Sorgen, aber mir ist nicht zum Lachen zumute."

„Was ist los mit dir?", fragte Lorenz.

Die beiden Männer setzten sich an den Rand des Weges, und der Bauer erzählte von dem Treiben auf dem Elfenhügel.

Lorenz lachte schallend und meinte: „Wenn das alles ist, was dich bedrückt, dann kann ich dir helfen. Lass mich deine Herde auf dem Elfenhügel hüten! Ich fürchte mich nicht vor Geistern."

Der Bauer schaute sich ängstlich um. „Rede nicht so laut, Lorenz! Wenn die Elfen dich hören, werden sie sich rächen."

„Mit den Elfen werde ich schon fertig", sagte Lorenz. „Also, wann kann ich als Hirte bei dir anfangen?"

„Von mir aus sofort", erklärte der Bauer. Er war froh, endlich einen Hirten gefunden zu haben.

Schon am nächsten Tag waren die Ochsen und
Kühe des Bauern wieder auf dem Elfenhügel.
Es wurde dunkel. Lorenz setzte sich auf einen
Stein, holte seine Pfeife heraus und blies ein
lustiges Lied. Als die Elfen sahen, dass wieder
ein Mensch auf dem Hügel war, liefen sie zur
Elfenkönigin und beklagten sich.
„Ich werde dem neuen Hirten das Fürchten
lehren", versprach die Elfenkönigin. „Er wird keine
einzige Nacht mehr auf dem Elfenhügel bleiben."
Als der Mond aufging, sah Lorenz am Himmel
eine riesige schwarze Katze, die einen krummen
Buckel machte und fürchterlich miaute. Sie
wurde immer größer, aber Lorenz ließ sich nicht
stören, er blies weiter auf seiner Pfeife. Das
ärgerte die Elfenkönigin, und sie
verwandelte sich in einen riesigen roten
Fisch, der auf seinem Schwanz um den
Hirten herumtanzte.
„Das gefällt mir", rief Lorenz, „tanz nur
weiter, ich mache die Musik dazu."
Die Elfenkönigin war wütend und

verwandelte sich immer wieder in ein
anderes Ungeheuer. Aber Lorenz
fürchtete sich nicht, er spielte ein
lustiges Lied nach dem anderen.
Vielleicht kann ich den Hirten auf
die freundliche Art von der
Weide locken, dachte die
Elfenkönigin und verwandelte
sich in ein hübsches weißes
Kälbchen. Es legte sich
zutraulich neben den Hirten

und wollte sich streicheln lassen. Lorenz aber ließ sich nicht überlisten und sprang mit einem Satz auf den Rücken des Kälbchens. Das kleine Tier stürmte los und wollte den Reiter abwerfen, aber es gelang ihm nicht. Es sprang in riesigen Sätzen bis an den breiten Fluss, der ins Meer mündete. Das Kälbchen bäumte sich hoch auf, sprang über den Fluss und landete sicher am anderen Ufer. Dann blieb es stehen und ließ den Reiter absteigen. Lorenz lachte und sagte: „Das hast du gut gemacht. Für ein Kälbchen war das ein gewaltiger Sprung, und mir hat der Ritt Spaß gemacht."

Das weiße Kälbchen schaute ihn eine Weile erstaunt an. Und dann . . . Lorenz traute seinen Augen nicht. Es stand kein weißes Kälbchen mehr vor ihm, sondern die Elfenkönigin in ihrer richtigen Gestalt.

„Lorenz", sagte sie, „du bist ein mutiger Bursche. Willst du den Ritt noch einmal machen?"

„Nichts täte ich lieber", antwortete Lorenz.

Da verwandelte sich die Elfenkönigin wieder in

ein kleines weißes Kalb. Lorenz stieg auf seinen Rücken, und das Kälbchen sprang in einem einzigen Satz über den breiten Fluss bis auf die Spitze des Elfenhügels. Als Lorenz abgestiegen war, wurde aus dem Kalb wieder die Elfenkönigin.

Sie sagte: „Ich will dich für deinen Mut belohnen. Wenn du versprichst, die Elfen beim Singen und Tanzen niemals zu stören, will ich dir erlauben, die Herde auf dem Elfenhügel zu hüten."

Das versprach Lorenz, und er hielt sein Versprechen. Der Bauer freute sich und bat den Hirten, bei ihm zu bleiben. Lorenz lebte bis an sein Lebensende friedlich mit den Geistern zusammen auf dem Elfenhügel.

Die verwandelten Elfen

In Irland lebte vor langer Zeit der Bauer Johann
Mulligan. Er war schon alt, aber er konnte die
schönsten Geschichten erzählen. Alle Leute im
Dorf hörten ihm gerne zu. Am liebsten erzählte
er von den Elfen, die in den Höhlen der alten
Bäume und in den Hügeln des Landes lebten.
Mulligan glaubte fest an die kleinen Geister.
Als er einmal einen Freund besuchte, traf er
dort zwei Schüler, die glaubten, alles zu wissen.
Sie verspotteten Mulligan: „Du bist ein alter
Träumer. Alles, was du erzählst, ist Unsinn. Es
gibt keine Elfen."

Mulligan sprang empört auf und rief:
„Gelbschnäbel seid ihr beiden! Maulaffen, die
nur an gedruckte Buchstaben glauben! In euren
schlauen Büchern findet ihr nichts von den
Wundern der kleinen Elfen."

„Hoho!", rief einer der beiden Schüler. „Du willst
wohl klüger sein als unsere Lehrer?"

„Lehrer wissen auch nicht alles", brummte der
Alte.

„Hast du denn die Elfen schon mal gesehen?",
fragte der andere Schüler neugierig.

Mulligan zögerte einen Augenblick, dann sagte
er: „Meine Großmutter hat sie gesehen und mir
von ihnen erzählt."

Als die beiden Schüler über die Großmutter
spotteten, sprang Mulligan wütend auf und
verließ das Haus. Draußen vor der Tür sprang
er auf sein Pferd und jagte davon. Nach einem
langen, wilden Ritt über Stock und Stein blieb
er stehen. Er beruhigte sein schnaubendes
Pferd und sagte laut vor sich hin: „Wenn ich die
Elfen doch sehen könnte! Nur ein einziges Mal,

damit ich allen beweisen kann, dass es sie
wirklich gibt."

Kaum hatte er diesen Wunsch ausgesprochen,
da sah er im Mondlicht die schwarzen Äste einer
alten Eiche. Vor vielen Jahren war der Blitz
eingeschlagen und hatte den Stamm ausgehöhlt.
Mulligan traute seinen Augen nicht. Unter der
Krone des mächtigen Baumes tanzte eine große
Schar kleiner Elfen. Nie hatte Mulligan etwas so
Schönes gesehen. Die Elfen waren nicht viel
größer als ein Daumen und leicht wie eine Feder.
Ihre weißen Kleider flatterten im Wind und
schimmerten im Mondschein wie reines Silber.
Mulligan hörte leise Stimmen. Die Elfen sangen,
während sie über die Wiese schwebten.
Mulligan kamen die Stimmen vor wie
Engelsmusik. Mitten in der
Schar der kleinen
Geister tanzte der
König der Elfen.

Er machte beim Tanz die höchsten Sprünge.
Mulligan konnte sich nicht beherrschen und rief:
„Gut gemacht, kleiner König!"
Da wieherte das Pferd und scharrte mit den
Hufen. Im selben Augenblick schob sich eine
dicke schwarze Wolke vor den Mond, und die
Elfen verschwanden in der Höhle des alten
Baumes.
Ich Esel, ich Dummkopf!, dachte Mulligan, hätte
ich doch den Mund gehalten! Aber was soll's!
Ich habe die Elfen gesehen. Nur das ist wichtig.
Mulligan ritt im Galopp zurück. Er klopfte an die
Tür seines Freundes und rief: „Heda, ihr beiden
Plattköpfe! Ich kann euch beweisen, dass ich
die Wahrheit gesagt habe."
Mulligans Freund öffnete die
Tür: „Komm herein! Wir
haben uns schon
Sorgen gemacht.
Die jungen Leute
haben es nicht
böse gemeint."

„Die werden sich wundern", sagte Mulligan und trat ins Zimmer. Er platzte sofort heraus: „Ich habe die Elfen gesehen."

Und dann erzählte er begeistert von den tanzenden Elfen unter der alten Eiche. Er schwärmte von ihren weißen Kleidern und ihren lieblichen Stimmen. Zum Schluss sagte er: „Kein Mensch ist so schön wie eine Elfe. Das könnt ihr mir glauben."

Die jungen Leute aber glaubten ihm nicht. „Zeig uns die Elfen, Mulligan!", forderten sie ihn auf. „Na gut", antwortete der Alte, „aber es kann gefährlich für euch werden. Wenn sich ein Mensch unter die Elfen mischt, rächen sie sich. Sie können sich in jede Gestalt verwandeln. Sogar in Menschen oder in schreckliche Ungeheuer."

„Wir fürchten deine Geister nicht", versicherten die beiden Schüler. „Also los! Führe uns zu der alten Eiche!" Die jungen Leute holten ihre Pferde aus dem Stall und ritten hinter Mulligan her.

Es war eine dunkle Nacht, und die Bäume standen am Rande des Weges wie schwarze Gespenster. Nach einem langen Ritt sahen die

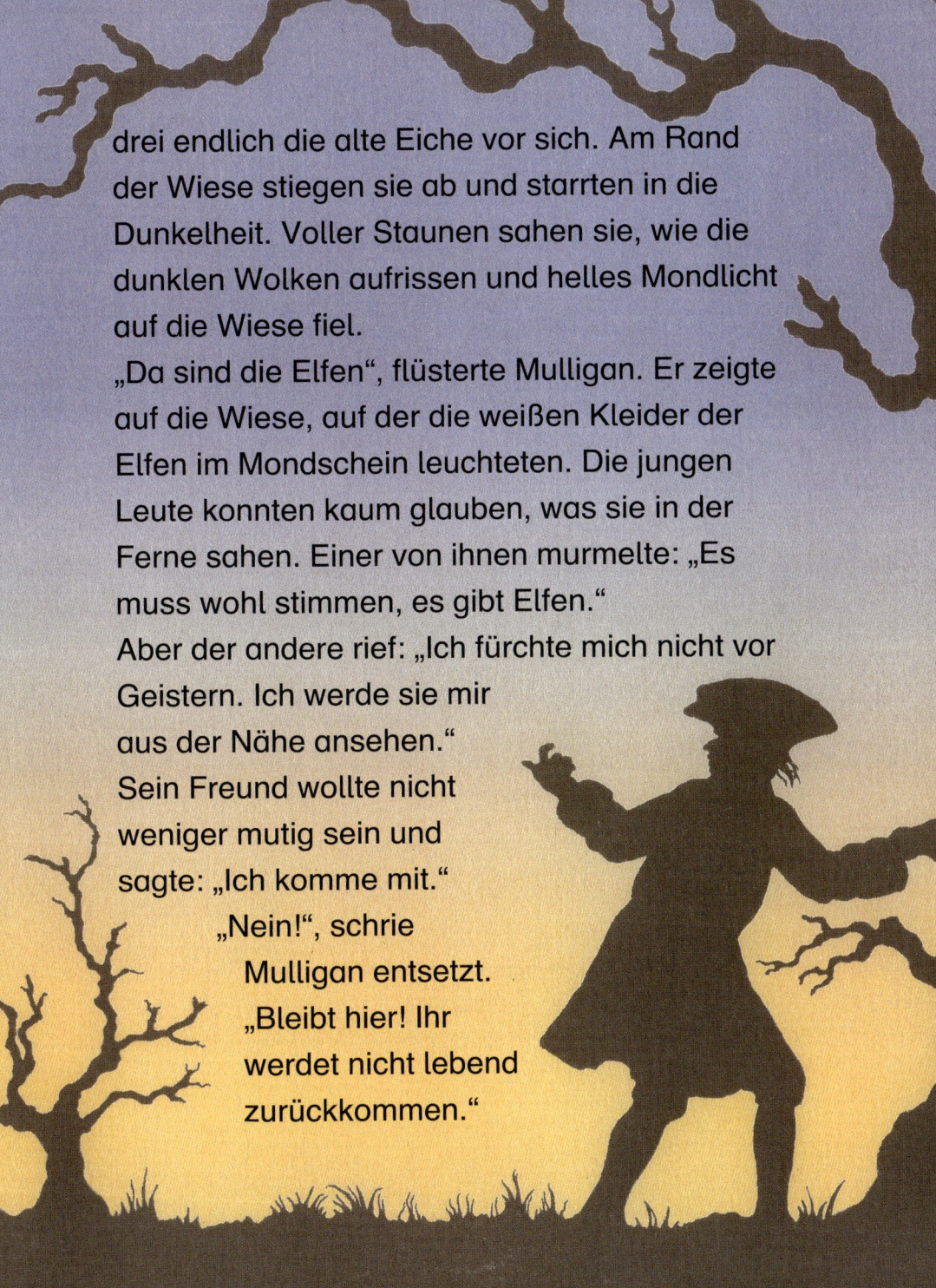

drei endlich die alte Eiche vor sich. Am Rand der Wiese stiegen sie ab und starrten in die Dunkelheit. Voller Staunen sahen sie, wie die dunklen Wolken aufrissen und helles Mondlicht auf die Wiese fiel.

„Da sind die Elfen", flüsterte Mulligan. Er zeigte auf die Wiese, auf der die weißen Kleider der Elfen im Mondschein leuchteten. Die jungen Leute konnten kaum glauben, was sie in der Ferne sahen. Einer von ihnen murmelte: „Es muss wohl stimmen, es gibt Elfen."

Aber der andere rief: „Ich fürchte mich nicht vor Geistern. Ich werde sie mir aus der Nähe ansehen."

Sein Freund wollte nicht weniger mutig sein und sagte: „Ich komme mit."

„Nein!", schrie Mulligan entsetzt. „Bleibt hier! Ihr werdet nicht lebend zurückkommen."

Aber die beiden Freunde hörten nicht auf die
Warnung des Alten und rannten los. Immer
wieder schrie Mulligan: „Kommt zurück!"
Es half alles nichts. Die Jungen rannten über die
weite Wiese, bis sie unter der alten Eiche standen.
Mulligan war entsetzt, er fürchtete das
Schlimmste, aber dann . . .
Was war das? Die jungen Männer winkten. Im
Licht des Vollmonds leuchteten noch immer die
weißen Kleider der Elfen, und die Jungen
standen mitten unter ihnen.
Mulligan fasste allen Mut zusammen und ging
über die Wiese in das Reich der Elfen.
Als er sich der alten Eiche näherte, hörte er das

laute Lachen der beiden Jungen. Und dann sah
er es. Auf der Wiese schimmerten im Mondlicht
Tausende von schneeweißen Pilzen.
Mulligan erschrak. Hatte er sich getäuscht? War
alles ein Traum gewesen? Oder hatten sich die
Elfen in Pilze verwandelt? Aber er hatte doch
gesehen, wie die Elfen unter der Eiche tanzten!
Er hatte ihre lieblichen Stimmen gehört! Doch
die jungen Leute würden ihm niemals glauben.
Mulligan lief über die Wiese, ohne sich
umzuschauen. Er stieg auf sein Pferd und ritt
davon.

Fingerhütchen

Es war einmal ein junger Mann, der hatte einen
Buckel auf dem Rücken. Weil er den Kopf nicht
heben konnte, sah er den Himmel, die Sonne,
den Mond und die Sterne nicht. Viele Leute
gingen ihm aus dem Weg, denn der seltsam
aussehende Mann war ihnen unheimlich. In der
Umgebung erzählte man schlimme Geschichten
von ihm. Manche glaubten, er wäre ein
Zauberer, andere hielten ihn für einen
Bösewicht.

Aber alles, was die Leute über den Buckligen
erzählten, war gelogen. In Wirklichkeit war er
ein freundlicher, friedlicher und hilfsbereiter
Mann. Er hatte geschickte Hände und konnte

46

aus Stroh schöne Hüte und aus Weiden große Körbe flechten. Mit dem Geld, das er damit verdiente, konnte er sich selbst versorgen.

Der Mann besaß einen kleinen Garten mit
vielen bunten Blumen. Er liebte die roten
Fingerhüte, die die Elfen als Hütchen auf ihren
winzigen Köpfen trugen. Die Großmutter hatte
ihm viel von den Elfen erzählt, und er glaubte
fest daran. Wenn in seinem Gärtchen die roten
Fingerhüte blühten, steckte er sich eine Blüte an
den Hut. Deshalb nannten ihn die Leute
Fingerhütchen.

Eines Tages ging Fingerhütchen in die Stadt.
Weil er den schweren Buckel auf dem Rücken
tragen musste, kam er nur langsam voran. Bald
war er so müde, dass er nicht mehr weitergehen
konnte. Er setzte sich an das große Hünengrab,
das am Fuße eines Hügels lag. Hier saß er
noch, als es dunkel wurde und ein silberner
Mond am Himmel aufstieg. Fingerhütchen war

nicht nur müde, sondern auch traurig. Er dachte
an die anderen jungen Leute im Dorf, die laufen,
springen und tanzen konnten. Fingerhütchen
spürte, dass er keine Kraft mehr hatte.
Plötzlich hörte er ein leises Singen und Klingen,
das aus der Tiefe des Hügels kam. Er horchte
und wagte kaum, zu atmen. Noch nie hatte er so
liebliche Stimmen gehört. Sie sangen ein Lied
nach dem anderen. Wenn die Stimmen eine
Pause machten, sang Fingerhütchen die
Melodie weiter. Er liebte die
Musik über alles und hatte eine
wunderschöne Stimme.

Kaum war sein Lied verklungen, fielen ihm die
Augen zu. Da hob ihn ein Wirbelwind auf und
trug ihn hinab in den Hügel zu den Elfen. Als er
wach wurde, traute er seinen Augen nicht. Er
saß in einem großen Saal, in dem es von Gold
und Silber nur so blinkte und blitzte. Viele kleine
Elfen in weißen Kleidern umringten ihn und
lobten seinen Gesang. Dann durfte er mit den
Elfen im Chor singen. Das war das Schönste für

Fingerhütchen. Er merkte, dass die Elfen ihn gernhatten. Sie brachten ihm Speisen und Getränke und bedienten ihn wie einen König. So gut war es Fingerhütchen im ganzen Leben noch nicht gegangen.

Doch dann steckten die Elfen ihre Köpfchen zusammen und redeten miteinander. Fingerhütchen konnte kein Wort verstehen und begann, sich zu fürchten. Es fielen ihm Geschichten ein, in denen die Elfen Menschen erschreckt oder bestraft hatten. Doch die kleinen Geister hörten bald auf, zu reden. Eine Elfe trat vor und sagte:

„Fingerhut, Fingerhut,
fasse frischen Mut!
Sei lustig und munter!
Dein Buckel fällt runter."

Kaum war der Spruch zu Ende, da fühlte sich Fingerhütchen so leicht wie eine Feder. Und dann sah er den Buckel vor sich auf der Erde liegen. Er hätte vor Freude jubeln können, aber er war so erschöpft, dass er auf der Stelle einschlief.

Als er erwachte, saß er wieder am Hünengrab und schaute erstaunt um sich. Es war inzwischen Tag geworden und die Sonne stand schon hoch am Himmel. Hatte er wirklich keinen Buckel mehr? Oder war alles nur ein Traum gewesen? Fingerhütchen sprang auf und griff nach seinem Rücken. Von seinem Buckel gab es keine Spur mehr. Er fühlte sich frei und leicht. Der Heimweg machte ihm keine Mühe mehr. Vor Freude hüpfte er von einem Bein auf das andere und sang dabei ein lustiges Lied. Er wunderte sich, dass die Leute, die ihm begegneten, ihn nicht erkannten. Jetzt erst entdeckte er, dass die Elfen ihm auch einen neuen Anzug geschenkt hatten.

Als Fingerhütchen zu Hause ankam, liefen die Leute zusammen und staunten. Es dauerte nicht lange, da redeten die Menschen im ganzen Land über das Wunder, das geschehen war.

Eines Tages saß Fingerhütchen vor der Tür und
arbeitete an einem Weidenkorb. Da kam eine
alte Frau und sagte: „Ich komme von weit
her, um meinem Neffen Hans zu helfen. Er trägt
einen großen Buckel auf dem Rücken und
möchte ihn gerne loswerden. Man hat uns
erzählt, eine Medizin hätte dir geholfen. Bitte,
sag mir, wie das Wundermittel heißt!
Fingerhütchen war ein gutmütiger Mann, und er
hatte Mitleid mit dem Buckligen.

„Es war keine Medizin, die mir geholfen hat“, sagte Fingerhütchen. „Die Elfen haben mir den Buckel abgenommen.“

Und dann erzählte er der Frau von seinem Erlebnis im Elfenhügel. Die Frau bedankte sich und machte sich auf den Heimweg. Zu Hause berichtete sie ihrem Neffen Hans alles, was sie gehört hatte.
Der Bucklige aber war ein rücksichtsloser und herrischer Mann. Er verlangte von der Frau, ihn sofort auf einen Wagen zu setzen und zum Elfenhügel zu fahren.
Die alte Frau hatte Mühe, den Mann bis zu dem Hügel zu bringen. Dort stieg er vom Wagen und setzte sich an das Hünengrab. Es dauerte nicht lange, da hörte er den lieblichen Gesang der Elfen. Aber er konnte nicht abwarten, bis das Lied verklungen war. Er sang mit, ohne auf den Takt und die Melodie zu achten.
Als es im Elfenhügel still wurde, rief Hans ungeduldig: „Holt mich endlich in euer Schloss!

Ich will meinen Buckel loswerden und auch
einen neuen Anzug kriegen. Am liebsten wären
mir gleich zwei Anzüge."
Da kam ein Wirbelwind und trug Hans hinab in
den Hügel. Die Elfen umringten ihn und riefen
empört: „Du hast unseren Gesang gestört. Du
bist ein böser, gemeiner Mensch. Du bekommst
den Lohn, den du verdient hast."
Eine der Elfen trat vor und sagte:

„Du bist gefangen.
Was wirst du erlangen?"

Da riefen alle Elfen im Chor:

„Zwei Buckel für einen!
Zwei Buckel für einen!"

Jetzt schleppten zwanzig Elfen einen Buckel
herbei und setzten ihn auf den Rücken des
buckligen Mannes. Nun hatte Hans zwei Buckel.
Die Elfen jagten den Mann auf der Stelle aus
dem Hügel.
Hans schrie und tobte und schimpfte, aber es
half alles nichts. Er musste bis an sein
Lebensende zwei Buckel mit sich
herumschleppen.

Das Mädchen
und die Spinnerin

Vor langer Zeit lebte in einem Dorf eine Frau,
die eine sehr schöne Tochter hatte. Das
Mädchen hieß Finnja und war lieb und
freundlich. Aber sie konnte nicht so gut spinnen
wie die anderen Mädchen im Dorf.
Jeden Tag sagte die Mutter zu ihrer Tochter:
„Alle Mädchen müssen das Spinnen und Weben
lernen. Wenn du keinen Flachs spinnen kannst,
wirst du nie einen Mann bekommen."
Finnja saß vor ihrem Spinnrad und war ganz
unglücklich. Sie hatte so ungeschickte Hände,
dass sie nichts fertigbrachte. Die Mutter
schimpfte und drohte, aber es half alles nichts.

Finnja lief viel lieber in Feld und Wald umher, als im Haus am Spinnrad zu sitzen. Schließlich verlor die Mutter die Geduld und gab der Tochter sieben Bund Flachs.

„Heute gibt es keine Entschuldigung", sagte die Frau, „in drei Tagen musst du den Flachs zu Garn versponnen haben."

Finnja gehorchte und setzte sich ans Spinnrad, doch nach zwei Tagen war erst ein Bund Flachs versponnen. Da sprang sie auf, warf den Flachs in die Ecke und lief verzweifelt aus dem Haus. Die Sonne schien, und der Tau glitzerte auf der Wiese. Aber Finnja sah nichts von den Schönheiten an ihrem Weg. Sie lief und lief und stand plötzlich vor dem grünen Hügel, in dem die Elfen lebten. Erschöpft setzte sie sich auf den Boden, schlug die Hände vors Gesicht und weinte bitterlich. Als Finnja den Kopf wieder hob, sah sie am Rand des Baches eine alte Spinnerin. Sie hockte auf einem Kieselstein vor einem Spinnrad und drehte geschickt den Faden.

Finnja grüßte die Frau höflich und bewunderte ihre Geschicklichkeit. Dann schaute sie der Frau ins Gesicht und fragte: „Warum hast du so dicke Lippen?"

Im gleichen Augenblick bereute Finnja die unhöfliche Frage, aber die Frau lächelte und antwortete: „Das kommt vom Fadenspinnen, mein Schätzchen."

„Ach", sagte das Mädchen, „ich wünschte, ich könnte auch gut spinnen. Aber ich bin so ungeschickt. Meine Mutter verlangt von mir, dass ich bis morgen sieben Bund Flachs verspinne, aber ich schaffe es nicht."

„Ich helfe dir", versprach die alte Frau. „Bring mir den Flachs! Ich werde bis morgen alles versponnen haben."

Finnja war überglücklich und lief schnell nach Hause.

Ohne dass die Mutter sie sah, holte sie den Flachs und brachte ihn der guten Spinnerin.

„Wo kann ich das Garn abholen?", fragte das Mädchen. „Ich kenne ja nicht mal deinen Namen."

Finnja bekam keine Antwort. Sie rieb sich erstaunt die Augen. Die alte Frau war nicht mehr da. Das Mädchen schaute hinter jeden Baum, aber die Spinnerin blieb verschwunden. Weil Finnja vom langen Suchen müde geworden war, setzte sie sich hin und schlief ein.

Als sie wach wurde, war es schon dunkel, und am Himmel leuchtete der Abendstern.

Finnja erschrak, denn aus einem großen, ausgehöhlten Kieselstein kamen Stimmen. Finnja legte das Ohr an den Stein und hörte, wie die alte Frau sagte: „Das Mädchen weiß nicht, dass ich eine Elfe bin und mich in eine

Spinnerin verwandelt habe. Sie kennt nicht einmal meinen Namen. Sie weiß nicht, dass ich Frau Habetrot bin."

Finnja beugte sich tief über den Stein und sah in die Öffnung hinein. Mitten in einer merkwürdigen Gesellschaft von Frauen hockte das alte Weiblein. Die Frauen saßen vor ihren Spinnrädern und spannen Flachs zu Garn. Sie waren so fleißig, dass sie nicht einmal

aufschauten. Aber das Mädchen sah, dass die Spinnerinnen die gleichen dicken Lippen hatten wie das alte Weiblein, das Frau Habetrot hieß. Eine Frau mit einer langen Hakennase und pechschwarzen Augen musste das Garn zusammenbinden. Frau Habetrot trug es hinauf und gab es dem Mädchen.

„Verrate deiner Mutter nicht, wer das Garn gesponnen hat!", sagte die alte Frau Habetrot. Das Mädchen war überglücklich und trug das Garn schnell nach Hause. Die Mutter staunte über das fein gesponnene Garn und lobte ihre Tochter. Dann lief sie aus dem Haus und rief der Nachbarin zu: „Meine Tochter Finnja hat in drei Tagen sieben Bund Flachs zu Garn versponnen."

Diese Worte hörte ein vornehmer Mann, der gerade am Haus vorüberritt. Er stieg vom Pferd und erkundigte sich nach der fleißigen Spinnerin.

„Kommt nur herein, und seht Euch das Garn an!", sagte die Mutter.

Der Mann folgte der Mutter ins Haus und
staunte. Ein so feines Garn hatte er in seinem
Leben noch nie gesehen.
„Deine Tochter möchte ich gerne
kennenlernen", sagte der Mann. „Eine so
geschickte Spinnerin findet man selten."
Die Mutter rief sofort die Tochter in die Stube.
Finnja kam und reichte mit hochrotem Kopf dem
vornehmen Herrn die Hand. Der Mann sah die
Schönheit des Mädchens und verliebte sich auf
der Stelle in sie.

„Bis heute habe ich noch keine Frau gefunden, die mir gefiel", gestand der Mann.

Finnja richtete ihren Blick verlegen auf den Boden.

Der Mann fuhr fort: „Ich bewundere die Kunst des Spinnens. Ich werde nur eine Frau heiraten, die diese Kunst versteht."

Er trat einen Schritt auf die Mutter zu und reichte ihr die Hand: „Gebt mir Eure Tochter zur Frau. Sie soll es ein Leben lang gut bei mir haben."

Finnja bekam einen Schrecken, denn sie konnte doch gar nicht gut spinnen. Aber sie wagte es nicht, die Wahrheit zu sagen, denn der Fremde gefiel ihr auf den ersten Blick.

Die Mutter war stolz auf ihre Tochter und willigte sofort in die Heirat ein. So wurde bald in dem großen Haus des reichen Mannes eine prächtige Hochzeit gefeiert.

Bald kam der Tag, an dem die junge Frau Flachs zu Garn spinnen musste. In ihrer Not lief sie zum Elfenhügel und hoffte auf Hilfe.

Als sie sich über den Stein beugte, hörte sie die
Stimme der Frau Habetrot: „Finnja, bring deinen
Mann zu uns! Dann wird er sehen, welche
Folgen das Spinnen hat."
Finnja führte ihren Mann zum Elfenhügel und
ließ ihn in den Stein blicken. In diesem
Augenblick öffnete sich eine Tür zum Reich der
Elfen, und eine Stimme rief: „Kommt herein!"
Die junge Frau stieg mit ihrem Mann den

Elfenhügel hinab, bis sie in den Raum kamen, in dem die Spinnerinnen saßen.

Der Mann erschrak über die Hässlichkeit der unheimlichen Frauen. Er ging zu jeder Spinnerin und fragte, woher sie so schrecklich dicke Lippen habe.

Die Frauen gaben alle die gleiche Antwort: „Vom Spinnen, vom Spinnen, nur vom Spinnen!"

Der Mann war entsetzt. Er merkte nicht, dass Frau Habetrot hinter seinem Rücken der jungen Frau zuzwinkerte.

Als die beiden jungen Leute den Elfenhügel verlassen hatten, blieb der Mann stehen und sagte: „Versprich mir, Finnja, dass du keinen einzigen Faden mehr spinnst! Ich will nicht, dass du so hässlich wirst wie diese Frauen." Finnja antwortete lachend: „In meinem ganzen Leben werde ich nie mehr spinnen. Das verspreche ich dir."

Klassiker für Erstleser

Der Bücherbär
Klassiker für Erstleser

Gullivers Reisen
ISBN 978-3-401-09271-3

Das Dschungelbuch
ISBN 978-3-401-08631-6

Des Kaisers neue Kleider
ISBN 978-3-401-09381-9

Robin Hood
ISBN 978-3-401-09188-4

Ab 7/8 Jahren

4. Lesestufe

Klassiker für Erstleser
Beliebte Kinderbücher neu erzählt

Heidi, Peter Pan und all die anderen – wer kennt sie nicht? Ihre Geschichten haben Generationen von Kindern verschlungen und sie haben bis heute nichts von ihrer Faszination eingebüßt. Nun gibt es sie neu erzählt in einfachen Texten, die richtig Lust machen aufs Selberlesen.

Eine durchgehende Geschichte in Kapitel unterteilt

Flattersatz ohne Trennungen

Fibelschrift

Textbegleitende Illustrationen

Innenseite aus „Pinocchios Abenteuer" ISBN 978-3-401-07990-5

Jeder Band: Ab 7/8 Jahren • Klassiker für Erstleser • Durchgehend farbig illustriert 72 Seiten • Gebunden • Format 15,9 x 21,1 cm • Mit Bücherbär am Lesebändchen